Le Canada vu de près

Québec

Marguerite Rodger

Texte français de
Martine Faubert

D1531371

Crédits pour les illustrations et les photos :

Page couverture : Michael Turner/Team Turner Photography; p. i : Pete Ryan/National Geographic Stock; p. iii :Yves Marcoux/First Light; p. iv : Andrew Barker/Shutterstock Inc. (à droite), Digital Vision/First Light (à gauche); p. 2 et 4e de couverture :Yves Marcoux/First Light; p. 3 : Bryan & Cherry Alexander Photography/Alamy (en haut), Gavriel Jecan/A.G.E. Fotostock/First Light (en bas); p. 5 : Bruce Corbett/Alamy; p. 6 et 7 : David Giral/Alamy; p. 8 : Pete Ryan/National Geographic Image Collection; p. 9 :Yves Marcoux/First Light (en haut), Publiphoto Diffusion Inc/Alamy (en bas); p. 10 : Guido Cozzi/Corbis; p. 11 : Michelle Hagar; p. 12 : Rolf Hicker/A.G.E. Foto Stock/First Light; p. 13 : Christopher J. Morris/Corbis; p. 14 : Bibliothèque et Archives Canada, Acc. no 1991-35-3; p. 15 : David R. Frazier Photolibrary, Inc./Alamy; p. 16 : The London Art Archive/Alamy; p. 18 et 19 : Bibliothèque et Archives Canada, Acc. no 1989-401-3; p. 20 : Stapleton Collection/Corbis; p. 22 : Bibliothèque et Archives Canada, Acc. no 1990-215-24R; p. 23 : Mark Henley/Panos Pictures; p. 25 : PC/Montreal Star; p. 26 : Earl & Nazima Kowall/Corbis; p. 27 : NASA/Alamy; p. 28 : Howard Sandler/Shutterstock Inc.; p. 29 : First Light; p. 30 : Bryan & Cherry Alexander Photography/Alamy; p. 31 : Jeff Greenberg/Alamy; p. 32 : Creatas/First Light; p. 33 : Richard Levine/Alamy (en haut), Michael DeFreitas North America/Alamy (en bas à droite); Picture Arts/First Light (en bas à gauche); p. 34 : AFP/Getty Images; p. 35 : Reuters/Toby Melville; p. 36 : PC/Ian Barrett; p. 37 : Hemis/Corbis (en haut), PC/Saguenay Le Quotidien - Michel Tremblay (en bas); p. 38 : Jupiter Images/Alamy; p. 39 : PC; p. 41 : Philippe Renault/First Light (en bas), Egmont Strigl/Alamy (en haut); p. 42 : Reuters/Joe Skipper (au centre), Toronto Star/First Light (en bas), Bruce Weaver/AFP/Getty Images (en haut); p. 43 : AP Photo (en haut), Robert Wagenhoffer/PC (en bas).

Produit par Plan B Book Packagers
Conception graphique : Rosie Gowsell-Pattison
Nous remercions particulièrement Terrance Cox, consultant, rédacteur et professeur auxiliaire, Université Brock; Athena P. Madan; Tanya Rutledge; Jon Eben Field et Jim Chernishenko.

Catalogage avant publication de Bibliothèque et Archives Canada

Rodger, Marguerite

Québec / Marguerite Rodger ; texte français de Martine Faubert.

(Le Canada vu de près)
Traduction de: Quebec.
ISBN 978-0-545-98905-3

1. Québec (Province)—Ouvrages pour la jeunesse.
I. Faubert, Martine II. Titre. III. Collection: Canada vu de près

FC2911.2.R6414 2009   j971.4   C2008-906868-8

Édition publiée par les Éditions Scholastic, 604, rue King Ouest, Toronto (Ontario) M5V 1E1.

5 4 3 2 1   Imprimé au Canada   09 10 11 12 13

Table des matières

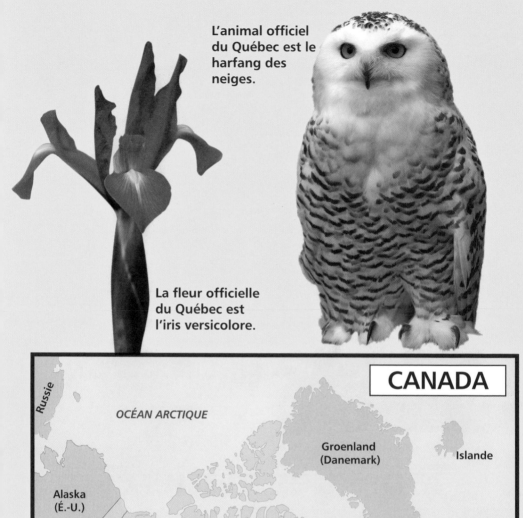

L'animal officiel du Québec est le harfang des neiges.

La fleur officielle du Québec est l'iris versicolore.

CANADA

Russie

OCÉAN ARCTIQUE

Groenland
(Danemark)

Islande

Alaska
(É.-U.)

OCÉAN
ATLANTIQUE

Yukon

Nunavut

Territoires du
Nord-Ouest

OCÉAN PACIFIQUE

Colombie-
Britannique

Terre-Neuve-
et-Labrador

Alberta

Saskatchewan

Manitoba

Baie
d'Hudson

Baie
James

Québec

Île-du-Prince-
Édouard

Ontario

Nouvelle-
Écosse

Nouveau-Brunswick

Lac
Huron

États-Unis

Lac
Supérieur

Lac
Ontario

Lac Érié

Lac
Michigan

Bienvenue au Québec!

Le Québec est une vaste province pleine de vie et de contrastes. Ses hivers sont parmi les plus froids au Canada, et ses étés sont parmi les plus chauds. Du Québec d'autrefois nous sont venues des réalisations pionnières, comme le canot de maître dont les trappeurs se servaient pour naviguer de Montréal au lac Supérieur. De nos jours, le Québec occupe une place importante dans les recherches de pointe en technologie aérospatiale.

Avec ses 7,5 millions d'habitants, le Québec est la seule province du Canada dont la population est majoritairement francophone. Certains Québécois ont des ancêtres qui s'y sont établis il y a 400 ans. Les immigrants arrivés plus récemment ont enrichi les villes de la province de leurs cultures et traditions.

Les Québécois sont tournés vers l'avenir. Ils accordent aussi beaucoup d'importance à leur passé comme le souligne la devise de la province *Je me souviens*.

Chapitre 1

Des forêts et des fermes

Le Québec est la plus grande province du Canada. D'une superficie de 1 667 926 kilomètres carrés, elle est trois fois plus grande que la France! Son territoire aux paysages diversifiés comprend une partie de la région arctique, au nord. Ailleurs on y trouve des forêts, des montagnes et de riches terres agricoles. Le Bouclier canadien y occupe une large place.

De longues bandes de terres agricoles conduisent aux rives du fleuve Saint-Laurent. C'est un vestige du régime seigneurial, où les terres étaient subdivisées en plusieurs lots, longs et étroits, ayant tous un accès au fleuve.

Le village inuit de Kuujjuaq est situé près de la baie d'Ungava. Il s'agit du plus gros village du Nunavik, comme on appelle l'Arctique québécois.

L'Arctique

L'extrême nord de la province est recouvert par la toundra arctique, c'est-à-dire un sol sans arbres et gelé en permanence. La toundra s'étend sur environ un quart du Québec. Les hivers y sont longs, froids et plongés dans la noirceur, tandis que les étés sont courts et frais. Au sud de la toundra se trouve la taïga, une région subarctique couverte d'arbres rabougris, surtout des épinettes noires.

Le phoque du Groenland vit dans les eaux de la baie d'Ungava.

Les basses-terres de la baie James

Les basses-terres de la baie James sont situées au nord-ouest de la province à la base de la baie James. C'est un immense milieu humide, très important pour les oiseaux, comme le faucon pèlerin et le huard. C'est aussi l'habitat du caribou, de l'orignal et de l'ours noir.

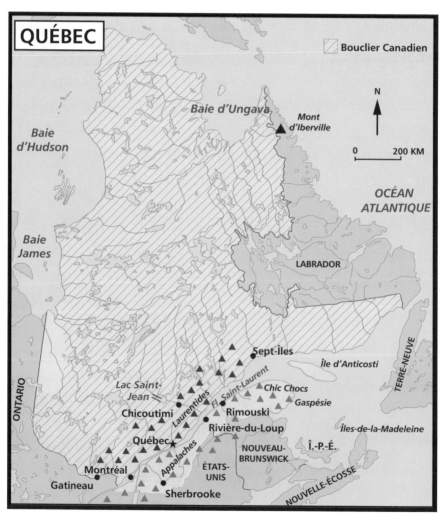

Le Bouclier canadien et la forêt boréale

Le Bouclier canadien recouvre plus de 90 % du territoire québécois et presque la moitié de tout le Canada. Cette formation rocheuse très ancienne s'étend de Terre-Neuve jusqu'à l'Alberta. Elle est très riche en minéraux, comme le nickel, le cuivre, l'or et l'argent. Dans le centre-nord du Québec, le Bouclier présente de vastes paysages de collines, ponctués de milliers de rivières et de tourbières. Presque tout le reste du Bouclier est recouvert par la forêt boréale, c'est-à-dire une forêt de conifères, abritant orignaux, ours et loups. On trouve les monts Torngat près de la baie d'Ungava, les monts Otish dans le centre de la province et les Laurentides au sud.

Le caribou se nourrit de lichens et de mousses. Sa viande est une source de nourriture importante pour les Autochtones du nord du Québec.

Des plaines et des vallées

Les basses-terres du Saint-Laurent sont situées au sud du Bouclier canadien et s'étendent de chaque côté du fleuve entre Montréal et Québec, les deux plus grandes villes de la province. Grâce à ce fleuve, le troisième parmi les plus longs du Canada, les basses-terres du Saint-Laurent constituent un centre important pour le commerce, l'agriculture et l'industrie.

Il y a des millions d'années, cette région était recouverte par des **glaciers**. Quand ces glaciers ont fondu, ils ont laissé derrière eux un sol très riche, excellent pour l'agriculture. Les forêts de cette zone sont mixtes, composées de feuillus comme le noyer, l'érable, le chêne, et de conifères comme l'épinette. En hiver, des blizzards, des tempêtes de verglas et des brouillards épais y sont fréquents. Il peut faire extrêmement froid : jusqu'à -35 °C. En été, à cause des nombreux lacs et rivières des environs, le climat est souvent très chaud et humide.

Les villes et les villages

Les premiers colons du Québec se sont établis là où le sol était propice à l'agriculture et où ils avaient accès à l'eau. Par conséquent, la population est surtout concentrée le long des rives du Saint-Laurent.

Au début des années 1900, des milliers de Québécois sont partis s'installer plus au nord, dans des villes nouvelles créées près des mines et des sites de coupe du bois. Le gouvernement a encouragé les gens à exploiter de nouvelles terres agricoles dans ces régions, mais le sol y était moins fertile.

Terrasse d'un café, à Montréal. Près de la moitié de la population du Québec habite dans ses deux plus grandes villes : Montréal et Québec.

Bateau naviguant sur le Saint-Laurent, à l'est de Québec. Le fleuve est un axe de transport très important entre l'océan Atlantique et les Grands Lacs.

Mont-Tremblant est un centre de ski très populaire des Laurentides. Ces montagnes font partie du Bouclier canadien, l'une des plus anciennes formations rocheuses du monde.

Ce garçon tient une belle botte de carottes fraîchement cueillies à la ferme biologique de ses parents.

Les fruits de la terre

Les terres agricoles du Québec sont cultivées depuis plusieurs centaines d'années. Autrefois, les habitants faisaient la culture des céréales et élevaient les animaux dont ils avaient besoin pour se nourrir. De nos jours, les cultivateurs québécois se spécialisent plutôt dans les produits destinés à la vente, comme les légumes et les viandes **biologiques**. Certains se concentrent même sur un seul produit, comme le foie gras, en faisant l'élevage des oies ou des canards.

Que d'eau!

💧 Le nom Québec vient d'un mot algonquien signifiant « là où le fleuve rétrécit ». Il fait référence au Saint-Laurent au niveau de la ville de Québec.

💧 Le Saint-Laurent est l'un des plus grands fleuves du monde. C'est un axe de navigation très important. Son estuaire abrite des centaines d'espèces de poissons, d'oiseaux et de mammifères marins, entre autres la baleine bleue, le rorqual commun, le petit rorqual, le bélouga, le phoque, la loutre et le dauphin.

💧 Le territoire du Québec comprend plus d'un million de lacs.

💧 Les Îles-de-la-Madeleine, un **archipel** situé dans le golfe du Saint-Laurent, comptent environ 13 000 habitants. Jusqu'au début du XXe siècle, elles restaient coupées du reste du monde pendant tout l'hiver, à cause des glaces. De nos jours, elles sont réputées pour la pêche au homard et pour leurs phoques.

Chapitre 2

Je me souviens

Les Québécois sont très fiers de leur passé. La devise de la province est : « Je me souviens ». Celle-ci apparaît sur les armoiries et sur toutes les plaques d'immatriculation des véhicules. Pour les gens, la devise signifie : « Je me souviens de mon histoire et de mon patrimoine ».

Les premiers habitants

Des traces archéologiques montrent que les ancêtres des peuples qui parlaient des langues iroquoiennes et algonquiennes vivaient dans le centre et le sud du Québec il y a 8 000 ans. L'extrême nord québécois, aujourd'hui appelé le Nunavik, a été habité par différents peuples depuis plus de 4 000 ans. Les Inuits y sont installés depuis des centaines d'années, partageant une partie de leur territoire avec les Cris. On trouve les Innus (ou Montagnais) dans le nord-est de la province.

Les Inuits chassaient la baleine et le phoque, et pêchaient dans l'océan Arctique. Les Cris et les Innus, qui parlent des langues algonquiennes, étaient des chasseurs, pêcheurs et cueilleurs qui vivaient dans les régions rudes du Bouclier canadien. Ils étaient semi-nomades, car ils devaient se déplacer pour se nourrir. Les Iroquoiens habitaient la vallée du Saint-Laurent. Ils vivaient de la pêche, de la chasse et de cultures comme le maïs, le haricot et la courge.

De nos jours, plusieurs peuples autochtones vivent encore au Québec. Ils représentent 1 % de la population. Les Inuits sont établis dans de petits villages du Grand Nord. La plupart des membres des Premières Nations vivent dans des **réserves** situées un peu partout dans la province.

De nombreux Cris du nord du Québec installent encore des campements d'été où ils chassent l'orignal et en apprêtent la viande afin de la conserver.

L'arrivée de Jacques Cartier

Le premier explorateur européen qui est arrivé à Québec est Jacques Cartier. Il a fait trois voyages au Canada. Lors du premier, en 1534, il a remonté le Saint-Laurent et a pris possession du territoire au nom du roi de France. À son deuxième voyage (de 1535 à 1536), il a passé l'hiver au Canada, car son bateau était bloqué par les glaces. À son troisième (1541 à 1542), il a fondé une colonie appelée Charlesbourg-Royal, non loin de ce qui est aujourd'hui la ville de Québec. Cette **colonie** a péri, victime de la maladie et des attaques des Iroquoiens.

À Gaspé, Cartier a érigé une croix de 9 mètres de haut, en signe de mainmise sur le territoire.

Le père de la Nouvelle-France

Samuel de Champlain, explorateur et cartographe, a fait plusieurs voyages dans le **Nouveau Monde.** Il a passé un rude hiver sur la côte du Maine, puis a contribué à fonder deux établissements permanents : Port-Royal en 1605 (l'actuelle Annapolis en Nouvelle-Écosse) et Québec en 1608. On l'appelle le « père de la Nouvelle-France ». Avec quelque 20 colons, à Québec, il a établi un poste de traite des fourrures.

Il a aussi conclu une alliance avec les Montagnais et les Hurons. Sans leur aide, les premiers colons n'auraient pas survécu aux hivers rigoureux.

Il existe plusieurs statues érigées à la mémoire de Champlain et de son œuvre. Celle-ci se trouve à Québec. En 1608, il écrivait dans son journal de voyage : « Je cherchai un lieu propre à notre habitation, mais je ne pus en trouver de plus commode ni de mieux situé que la pointe de Québec. »

La colonie s'agrandit

La colonie française s'est agrandie lentement. En 1626, afin de favoriser le peuplement de la Nouvelle-France, le roi de France Louis XIII y a instauré un régime seigneurial. Dans ce système, le roi concédait de grandes terres à des seigneurs chargés de les gérer. Ces terres étaient ensuite subdivisées en lots à cultiver. Le long du Saint-Laurent, les lots étaient longs et étroits, et donnaient accès à l'eau. Les fermiers, qu'on appelait « habitants », louaient les lots et payaient un loyer au seigneur ou lui redonnaient une partie de leurs récoltes chaque année.

Ce tableau de Cornélius Krieghoff de 1856, intitulé *La ferme de l'habitant*, dépeint une scène de la vie quotidienne dans le Québec rural d'autrefois.

Peu à peu, le nombre de colons permanents a augmenté. À partir de 1642, ils ont commencé à s'installer à Ville-Marie, qui est devenue Montréal. Dans les années 1660, pour accroître la population, le roi de France Louis XIV a envoyé des centaines de femmes, appelées les « Filles du Roy », en Nouvelle-France, afin qu'elles y épousent un soldat ou un fermier célibataire. Au milieu du XVIIIe siècle, la population était d'environ 70 000 habitants. C'était un bien petit nombre, comparé au million d'habitants présents dans les colonies britanniques plus au sud, soit les futurs États-Unis.

Explorateurs et aventuriers

L'histoire de la Nouvelle-France, c'est aussi l'histoire d'explorateurs, d'aventuriers et de héros qui nourrit le **folklore** québécois. Les coureurs des bois, qui faisaient la traite des fourrures pour leur propre compte, et les voyageurs, qui la faisaient pour le compte d'un marchand, étaient certainement les plus audacieux. Plusieurs étaient des « habitants » de la vallée du Saint-Laurent, qui quittaient leurs fermes et se rendaient très loin à l'intérieur du continent afin d'aller faire la traite des fourrures avec des communautés autochtones.

Les voyageurs faisaient la traite des fourrures
pour le compte de compagnies marchandes.
C'étaient des hommes forts qui avironnaient
à 10 dans des canots de maître pour se rendre
aussi loin qu'en Saskatchewan et en revenir.
Ils devaient être capables de porter tout seuls
40 kilos de fourrures et d'équipement. Ils se
nourrissaient de porc et de lard salés et devaient
endurer des essaims de moustiques. Ce sont
les voyageurs et les coureurs des bois qui ont
exploré, cartographié et baptisé une grande
partie du territoire nord–américain.

Les voyageurs pénétraient à l'intérieur du continent en empruntant le réseau des lacs et des rivières. Ils chantaient afin d'avironner en cadence et dormaient sous leurs canots renversés sur les grèves.

Des conflits incessants

De la fin du XVIIe siècle jusqu'au milieu du XVIIIe siècle, les colons de la Nouvelle-France ont subi beaucoup d'attaques en raison des guerres que se livraient la France et la Grande-Bretagne pour conquérir le territoire nord-américain. La ville de Québec, sous menace constante, était une forteresse entourée d'un haut mur de défense. Les colons français devaient aussi se défendre contre les Iroquois jusqu'à la signature d'un **traité de paix** en 1701.

Le général britannique James Wolfe et le marquis de Montcalm (ci-dessus), lieutenant général de l'armée française, sont tous deux morts des suites de leurs blessures après la bataille des Plaines d'Abraham.

La Conquête

Durant la **guerre de Sept Ans** (1756-1763), la France et la Grande-Bretagne se sont une fois de plus battues pour conquérir l'Amérique du Nord. Les Britanniques ont pris Québec en 1759, lors de la bataille des **Plaines d'Abraham**. Montréal est tombée l'année suivante. À la fin de cette guerre, en 1763, la Grande-Bretagne a pris possession des territoires français en Amérique du Nord. Les Québécois d'aujourd'hui gardent le souvenir de cette Conquête. Au fil du temps, les Britanniques se sont rendu compte qu'il serait plus facile de gouverner la colonie si les Québécois pouvaient conserver leurs lois, leur langue et leur religion **catholique**.

Les noms du pays

Au fil du temps, l'extension du territoire appelé le Québec a beaucoup varié, de même que son nom, et cela crée parfois de la confusion. À l'origine, le terme Québec désigne la vallée du Saint-Laurent, y compris la colonie française fondée par Champlain en 1608. C'est le cœur de la colonie de la Nouvelle-France.

Après la Conquête anglaise de 1763, son nom devient « province de Québec ». En 1774, elle s'étend jusqu'à la côte du Labrador au nord, au-delà du lac Supérieur à l'ouest et englobe la vallée de l'Ohio au sud. En 1783, elle perd les terres sous les Grands Lacs. En 1791, ce qui reste du territoire est divisé en deux parties nommées Bas-Canada et Haut-Canada (Ontario). En 1840, le Bas et le Haut-Canada deviennent le Canada-Est. Finalement en 1867, le Québec retrouve son nom en se joignant au Dominion du Canada.

La Rébellion

En 1837, de nombreux citoyens du Bas-Canada étaient insatisfaits de la façon dont ils étaient gouvernés par un groupe de riches hommes d'affaires, appelé la Clique du Château. Ils se sont donc rassemblés afin de réclamer des changements dans le gouvernement de la colonie et plus de libertés. On les a appelés les Patriotes. Comme ils ont été ignorés, ils se sont rebellés. Les combats ont causé 325 morts. Les chefs de la rébellion ont été jetés en prison ou exilés, et 58 envoyés au bagne en Australie. Cette rébellion, de même

qu'une autre survenue en même temps dans le Haut-Canada, a convaincu la Grande-Bretagne de revoir le mode de gouvernement de ses colonies.

Les Patriotes se rassemblent dans une ferme, l'arme à la main.

Un Québec moderne aux mille visages : la plupart des immigrants récents parlent le français, en plus d'une ou deux autres langues.

Une terre d'immigration

L'histoire de l'immigration au Québec remonte à loin. Au début du XIXe siècle, des gens sont venus d'Angleterre, d'Écosse et d'Irlande. Plusieurs se sont installés à Montréal. La première synagogue du Canada a ouvert ses portes à Montréal en 1768. Par la suite, les gens sont arrivés d'Europe de l'Est, du Portugal, de Grèce et d'Italie. Depuis 20 ans, beaucoup d'immigrants sont originaires d'Amérique centrale, du Moyen–Orient, d'Asie, d'Afrique et des Antilles, dont principalement Haïti. Chaque nouvelle vague d'immigrants apporte un petit quelque chose de plus à la culture québécoise.

Maîtres chez nous

Depuis la fondation du Canada, les Québécois se sont battus pour conserver leur langue, le français, et leur culture dans leur province entourée de régions anglophones. Dans les années 1960 s'est produit ce qu'on appelle la Révolution tranquille. C'était une période de grands changements pour le Québec. Les Québécois voulaient être maîtres chez eux, comme ils disaient, et se libérer de l'emprise de l'Église catholique ainsi que d'un gouvernement provincial trop rigide. Ils ont alors décidé de prendre en main leur destinée dans les domaines de l'éducation, de l'économie et de la culture.

Peu de temps après, en 1970, il y a eu la Crise d'octobre, une des périodes les plus noires de l'histoire du Québec. Des membres du Front de libération du Québec, ou F.L.Q., un groupe qui se servait de la violence pour réclamer l'indépendance du Québec, a enlevé un diplomate britannique et un ministre du gouvernement québécois. L'armée est intervenue. Quatre cent cinquante personnes soupçonnées d'appuyer le F.L.Q. ont été arrêtées et jetées en prison. Les membres du F.L.Q. ont assassiné le ministre et, après des négociations, ont fini par relâcher le diplomate.

Ces enfants regardent un soldat qui monte la garde près d'un hélicoptère posé devant le quartier général de la police provinciale à Montréal, durant la Crise d'octobre 1970. Le gouvernement canadien avait envoyé l'armée et conféré à la police des pouvoirs accrus lui permettant d'arrêter des gens et de les garder en prison. L'objectif était de trouver les kidnappeurs et leurs complices.

Depuis la Crise d'octobre, le Québec a consacré beaucoup d'efforts à la promotion de la langue française et de sa culture. L'Assemblée nationale du gouvernement provincial a déclaré que le Québec était une nation. En 1980 et 1995, des référendums ont été organisés pour demander aux électeurs de la province s'ils souhaitaient se séparer du reste du Canada. En 1980, 59 % ont dit non. En 1995, 50,58 % ont dit non; le Québec est donc resté une province canadienne. En 2006, le gouvernement canadien a accepté de reconnaître que le Québec formait une nation, mais toujours au sein d'un Canada uni.

Rassemblement des partisans du « Non » avant le référendum de 1995. Les résultats du vote sur la séparation du Québec ont été très serrés.

Chapitre 3
Fabriqué au Québec

Célèbre pour la richesse de ses ressources
naturelles, le Québec est aussi reconnu partout
dans le monde pour ses industries de pointe,
comme la fabrication des avions et la conception
des logiciels d'ordinateurs. Sais-tu qu'un Québécois
sur 200 travaille dans l'industrie aérospatiale?
Le secteur de la technologie aérospatiale, où
l'on conçoit et fabrique des avions et des
navettes spatiales, se classe au premier rang
des exportations de la province.

**Cet astronaute est relié par les pieds au bras spatial canadien, à la
Station spatiale internationale.**

La recherche et le développement dans le domaine pharmaceutique constituent aussi un secteur très important de l'industrie québécoise. Des médicaments pour le traitement du SIDA-VIH et de l'asthme ont été mis au point dans des laboratoires du Québec.

La création de jeux vidéo et de films d'animation fournit du travail à plus de 100 000 personnes au Québec. Des logiciels créés à Montréal ont gagné des prix et ont été utilisés dans l'industrie du cinéma et de la vidéo dans des productions comme *les Simpsons* et *Bob l'Éponge.*

Les ressources naturelles

Plusieurs industries parmi les plus importantes au Québec s'appuient sur les ressources naturelles. Comme la forêt recouvre une très grande partie du territoire, la foresterie y tient une place de taille. Le Québec est le plus grand exportateur de papier journal au monde et le principal producteur d'arbres de Noël en Amérique du Nord.

Une toque de tire d'érable.

Des chevaux attendent devant une cabane à sucre traditionnelle. Ici la récolte de la sève d'érable se fait à l'ancienne. La fabrication du sirop d'érable est à la fois une industrie et une attraction touristique.

Le Québec est le plus gros producteur de sirop d'érable au monde! La sève est recueillie dans les nombreuses érablières de la province. À la fin de mars et au début d'avril, les exploitants s'installent dans leurs cabanes à sucre où ils font bouillir la sève d'érable pour fabriquer du sirop. La dégustation de la tire sur la neige – du sirop d'érable chaud que l'on étend sur de la neige fraîche, puis que l'on enroule sur un bâtonnet de bois, ce qui donne une belle toque de sirop d'érable – est une tradition québécoise du temps des sucres.

L'industrie minière est très importante dans l'économie du Québec. Dans les régions couvertes par le Bouclier canadien, on trouve des gisements de cuivre, de zinc, de nickel, d'or et d'argent. Le Québec est le quatrième producteur mondial d'aluminium et le deuxième de magnésium.

Le projet de la baie James comprend toute une série de centrales hydroélectriques construites dans le bassin-versant de la rivière La Grande, dans le nord-ouest du Québec.

L'énergie hydroélectrique

L'eau occupe 10 % du territoire du Québec. C'est la plus grande réserve d'eau douce au monde. On utilise l'eau pour fabriquer de l'électricité. Environ 97 % de l'énergie produite dans la province est d'origine **hydroélectrique**. Le Québec est le site d'un des plus vastes aménagements hydroélectriques du monde : le Complexe La Grande, dans la région de la baie James.

De délicieux fromages!

Le nord du Québec est presque entièrement recouvert de forêts. Par contre, le sud est une région agricole très fertile. Dans les basses-terres du Saint-Laurent, on cultive des fruits et des légumes, et on fait de l'élevage de volailles et de bétail pour la viande et les produits laitiers. La moitié de la production canadienne de fromage vient du Québec. On en compte plus de 300 variétés, dont plusieurs sont produites dans de petites fromageries artisanales locales.

Le Québec est reconnu pour ses fromages fins, fabriqués avec du lait de vache, de chèvre ou de brebis.

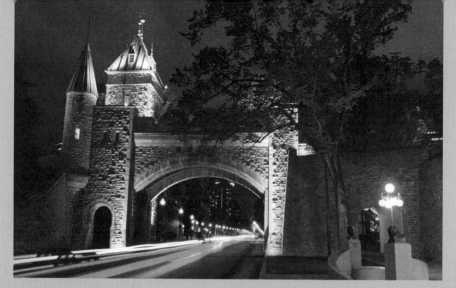

Les murs du Vieux Québec ont quatre mètres d'épaisseur.

Chapitre 4
L'ancien et le nouveau

Quand on voyage dans la province du Québec, on remarque tout de suite les vieilles fermes aux murs de pierres et aux toits fortement pentus, avec le bord recourbé. Cette forme permet d'éviter que les toits s'effondrent sous le poids de la neige, en hiver. C'est une architecture **typique** du Québec. La capitale de la province, Québec, est une des plus vieilles villes fortifiées en Amérique du Nord. Montréal est la deuxième parmi les plus grandes villes francophones du monde. Le français du Québec est un peu différent de celui de la France. Par exemple, on dit « donner un bec », au lieu de « faire la bise ».

Poutine et autres gourmandises

De nos jours, la **cuisine** québécoise est devenue aussi multiculturelle que sa population. Les plats traditionnels comme la tourtière, un pâté à la viande souvent servi au réveillon de Noël, sont toujours très appréciés. Les crevettes de Matane sont de petites crevettes, pêchées dans le Saint-Laurent près de Sept-Îles. Les bleuets du lac Saint-Jean et les homards des Îles-de-la-Madeleine et de la péninsule de Gaspésie sont un vrai régal.

Les bagels et les sandwichs au bœuf mariné de la communauté juive sont devenus une spécialité montréalaise. Côté restauration rapide, le plat le plus populaire est la poutine, un plat de frites et de fromage en grains, nappé de sauce brune. On en vend maintenant partout au Canada, dans les restaurants, les cafétérias étudiantes et les casse-croûte le long des routes.

Une des façons traditionnelles de se sucrer le bec est de savourer une tarte au sucre ou de croquer dans du sucre d'érable : délicieux certes, mais très très sucré!

Les arts du cirque

Aimerais-tu devenir contorsionniste ou trapéziste? Alors va à Montréal et inscris-toi à l'École nationale du cirque, la seule école en Amérique du Nord, qui offre des diplômes dans les arts du cirque. Ouverte en 1981, elle forme des professionnels dans ce domaine. Nombre de ses diplômés se produisent maintenant dans les meilleurs cirques du monde, dont le Cirque du Soleil, qui est lui-même québécois.

Le Cirque du Soleil est le plus célèbre des cirques d'acrobates au monde. À ses débuts, dans les années 1980, c'était une toute petite troupe formée à Baie-Saint-Paul, et qui faisait des tournées locales. Aujourd'hui, le Cirque du Soleil assure plusieurs spectacles permanents dans de nombreux pays. Il présente des douzaines de programmes partout dans le monde.

Les membres du Cirque du Soleil ont des maquillages colorés et des costumes fabuleux.

La Fête nationale du Québec est très importante. Chaque année, de nombreux Québécois participent à des défilés en l'honneur de la province.

La Fête nationale

Les Québécois adorent se rassembler pour faire la fête en famille ou entre amis. Les occasions de s'amuser ne manquent pas. La Fête nationale du Québec, célébrée le 24 juin, est la fête annuelle la plus importante. L'événement est souligné par des défilés, des feux d'artifice et des spectacles en plein air. En fait, c'est la fête religieuse de la Saint-Jean-Baptiste qui s'est transformée en une célébration typique de la province.

Les colons ont apporté avec eux leurs traditions musicales françaises. Par la suite, les violoneux canadiens-français ont intégré dans leur répertoire des **reels** écossais et irlandais. Ils ont aussi développé leur propre style de musique, qu'ils jouaient lors de soirées dansantes et de mariages. Assis sur une chaise, ils jouaient du violon en tapant du pied sur le plancher. La musique folklorique du Québec se joue avec le violon, mais aussi avec le piano, les cuillers tapées sur les genoux, la guimbarde (ou ruine-babines), l'accordéon et l'harmonica (ou musique-à-bouche). La musique traditionnelle des violoneux est popularisée aujourd'hui par des groupes de musique populaire québécois.

Au Québec, le 1er juillet est le grand jour des déménagements. C'est la date de fin des baux, et des milliers de personnes déménagent toutes en même temps.

Chapitre 5

Mon pays, c'est l'hiver

Les hivers froids et enneigés sont si typiques de la vie au Québec qu'on ne compte plus les livres, les pièces de théâtre et les poèmes écrits à ce sujet. Aussi, les films tournés au Québec font souvent voir des scènes d'hiver, et une chanson bien connue commence par : « Mon pays, ce n'est pas un pays, c'est l'hiver ».

Les hivers sont longs et peuvent durer jusqu'à sept mois! Mais on en profite pour pratiquer des sports d'hiver. Les stations de ski et les centres de villégiature accueillent des milliers de personnes chaque année. Bien des Québécois aiment jouer au hockey dans les arénas ou à l'extérieur. D'autres font de la raquette à neige, du ski, de la planche à neige, du patin ou vont à la pêche sous la glace.

Bombardier devant l'une de ses premières motoneiges.

L'invention de la motoneige

La randonnée en motoneige est une autre activité hivernale très populaire. Joseph-Armand Bombardier, mécanicien et inventeur québécois, a fabriqué la première autoneige en 1922. Il n'avait que 15 ans!

Bombardier habitait à Valcourt, à l'est de Montréal. Jusqu'à la fin des années 1940, les autorités ne déneigeaient pas les routes de campagne. Les gens se retrouvaient souvent prisonniers dans leurs maisons à cause des accumulations de neige de plusieurs mètres et, pour se déplacer, ils se servaient de traîneaux tirés par des chevaux.

Pour Bombardier, la neige représentait à la fois un obstacle à surmonter et une occasion d'affaires. À la fin des années 1930, il avait fondé une compagnie qui fabriquait et vendait des modèles d'autoneiges servant de tracteurs ou de moyens de transport pour les soldats ou les civils. En 1958, il a lancé son « Ski-Dog » : un véhicule motorisé léger, destiné aux trappeurs et, plus généralement, à tous les gens qui avaient besoin de se déplacer sur la neige. C'était l'ancêtre du « Ski-Doo », ou motoneige, devenu aujourd'hui le principal moyen de transport en conditions hivernales dans certaines régions. La compagnie Bombardier a beaucoup progressé; c'est aujourd'hui l'un des plus gros constructeurs de motoneiges, de trains et d'avions au monde.

Le carnaval d'hiver

Le Carnaval de Québec, qui a lieu dans la ville de Québec en février de chaque année, est l'un des événements les plus populaires. C'est le festival d'hiver le plus important au monde. Sa mascotte, le Bonhomme Carnaval, présentée pour la première fois en 1954, est un gros bonhomme de neige souriant, qui porte une tuque rouge et une ceinture fléchée, comme les habitants d'autrefois. Durant ce carnaval, on peut pratiquer les sports d'hiver, participer à des concours de sculptures sur glace, à des compétitions de traîneaux à chiens et à des courses de canots sur le fleuve Saint-Laurent gelé.

Les courses de canots à glace sur le fleuve Saint-Laurent font partie du Carnaval de Québec.

Chapitre 6
De quoi être fiers

▶ Le Québec est la patrie du premier Canadien à se rendre dans l'espace. Marc Garneau, natif de la ville de Québec, a participé à trois vols de la NASA en navette spatiale. Julie Payette, montréalaise, a manipulé le bras spatial canadien au cours d'une mission en 1999.

▶ Montréal a été le site de l'exposition universelle du XXe siècle la plus réussie. Expo 67 a duré 7 mois et a attiré 50 millions de visiteurs.

▶ Au Québec, le hockey est si populaire que certains disent que c'est une véritable religion! Les Canadiens de Montréal, surnommés les Habs, sont la seule équipe québécoise membre de la Ligue nationale de hockey. Fondée en 1909, cette équipe a remporté 24 coupes Stanley, soit plus que toute autre équipe de la Ligue. Maurice Richard, dit « le Rocket », qui a joué pour les Canadiens de 1942 à 1960, est une véritable légende. Il a été le premier joueur à marquer 50 buts en 50 parties.

▶ La chanteuse Céline Dion est l'une des plus célèbres artistes québécoises. Benjamine d'une famille de 14 enfants, elle a grandi à Charlemagne, dans la banlieue de Montréal. Elle a lancé son premier album à l'âge de 13 ans et, par la suite, elle a remporté 21 prix Juno et 5 Grammy.

Glossaire

archipel : Groupe d'îles.

biologique : Qui se rapporte aux produits agricoles obtenus sans avoir recours aux pesticides ni aux engrais chimiques.

colonie : Peuple ou territoire dirigé par un autre pays.

cuisine : Façon de préparer les aliments, propre à une région particulière.

catholique : Décrit une religion chrétienne suivant les rites dirigés par le pape à Rome.

folklore : Ensemble des croyances, légendes et traditions d'un peuple.

glacier : Masse compacte de neige et de glace, se déplaçant lentement.

guerre de Sept Ans : Guerre européenne (1756-1763) impliquant l'Angleterre, la France et leurs alliés, et qui a débordé en Amérique du Nord. À la fin de cette guerre, la France a perdu ses colonies en Amérique du Nord.

hydroélectrique : Qui se rapporte à l'énergie produite à partir d'eau en mouvement, en particulier à partir d'une chute d'eau.

Nouveau Monde : Partie du monde occidental englobant les Amériques du Nord et du Sud.

Plaines d'Abraham : À l'origine, les champs d'un « habitant », situés dans la partie haute de l'actuelle ville de Québec et ayant été le théâtre, durant la guerre de Sept Ans, de la bataille au cours de laquelle les Anglais ont défait les Français, en 1759.

reels : Air de danse au rythme rapide, d'origine irlandaise ou écossaise, et joué avec des violons.

réserve : Territoire désigné où seuls des membres de Premières Nations peuvent résider.

traité de paix : Accord de paix passé entre deux groupes ou nations en guerre.

typique : Qui est particulier, reconnaissable ou caractéristique.